AF343290

DECLARATION DV ROY,

POVR FAIRE PAYER PAR

les Acquereurs de son Domaine, soit à perpetuité ou à faculté de rachapt, les charges estans sur iceluy.

A PARIS,

Par IACQ. DVGAST, Imprimeur & Librairé ordinaire du Roy, au bout du Pont Sainct Michel, à l'Oliuier.

M. DC. XLIII.

Auec Priuilege de sa Majesté.

ENRY PAR LA
GRACE DE DIEV ROY
de France & de Nauarre,
A tous ceux qui ces pre-
sentes lettres verront, Salut. Comme
ainsi soit que la necessité en laquelle
nous auons esté reduicts par la lon-
gueur des guerres passées, nous ait
contrainct vendre & aliener la pluspart de nostre Domaine à si petit prix,
que mesmes pour en faciliter d'au-
tant plus la vente & alienation, selon
que les occasions nous ont pressé de
plus prés, afin d'en tirer quelque se-
cours : les adjudications qui en ont
esté passées aux Acquereurs d'iceluy,
soit par obmission ou autrement, ne

A ij

se trouuent à present chargées comme elles deuroient estre, d'acquitter
les charges que ledit Domaine auoit
accoustumé de porter, ou porteroit
maintenant s'il estoit encores en nos
mains : De sorte que n'ayans pour le
present moyé de pouruoir aux plain-
tes qui nous sont faites du prejudice
notable que telle alienation sans cette reserue apporte au bien public &
particulier de nos Subjets, en ce que
la plufpart des Fiefs & Aumosnes, gages, rentes, frais de Iustice, & autres
charges estans sur nostredit Domaine, vendu & aliené tant par nos Pre-
decesseurs que par Nous, n'ont esté &
ne sont payés & acquittez par les Acquereurs d'iceluy, comme elles deuroient & auoiét accoustumé d'estre,
s'excusans lesdits Acquereurs sur ce
que par les adjudications qui leur ont

esté faites par les Commissaires deputez pour en faire la vente, ne se trou-
uerót chargez d'acquiter lesdits Fiefs
& Aumosnes, gages, rentes, & autres
charges, la pluspart desquelles seroiét
tousiours depuis demeurées en arrie-
re, sans auoir esté par eux payées: &
l'autre partie d'icelles rejettées sur le
fonds ordinaire de nos Receptes, à la
grande foule de nostre peuple, & de
nos Finances, qui seroit directement
contre nostre intention, & contre
l'Arrest de nostreCour de Parlement
donné à la requeste de nostre Procureur General,en datte du 2.Decembre
1597. estant beaucoup plus raisonna-
ble que les charges ordinaires, specia-
lement affectées sur nostredit Domaine, tant celles comprises esdites
adjudications que les autres qui sou-
loient auparauant estre portées, soiét

A iij

payez par les Acquereurs d'iceluy, que non pas celles rejettées fur le fonds de nos Fináces, trop plus char-gé d'ailleurs qu'il ne peut porter, ainfi qu'il eft notoire à vn chacun. A ces cavses, voulans pouruoir, comme il eft neceffaire, & remedier au domma-ge notable que nous receuons en cet endroit, de noftre pleine puiffance & auctoritéRoyale, Auons par ces pre-fentes dit & declaré, difons & decla-rons, que nous n'auons entendu ny n'entendons que lefdits Acquereurs de noftre Domaine, foit à perpetuité ou par engagement, foient aucune-ment defchargez des Fiefs & aumof-nes, gages des Officiers, frais de Iufti-ce, pain des prifonniers, rentes, & au-tres charges que les parts & portions de noftre Domaine qui leur ont efté vendues ou engagées auoient accou-

stumé de porter auant l'alienation.
Voulons & nous plaist qu'ils soient
d'oresnauant contraints & tenus à
l'acquit & payement entier de ce que
chacune d'icelles auoient accoustumé
de porter, nonobstant que par leurs
contracts d'acquisition de nostredit
Domaine ils n'en soient expressémét
chargez, & que la vente & alienation
leur en ayent esté faites sans reserue
aucune desdites charges, ce qui n'a
deu estre obmis à nostre si grand prejudice, quelque pouuoir qu'en ayent
eu de nous lesdits Commissaires qui
en ont fait la vente, & lettres de ratifi-
cation que lesdits acquereurs en ayét
obtenuës de nous, lesquelles pour ce
regard seulement ne voulons sortir
aucun effect.   En quoy neantmoins
lesdits acquereurs ne sçauroient rece-
uoir autre plus grand interest, sinon

que les adjudications moderées qui
leur ont esté faites monteront à vn
peu plus haut prix qu'elles ne font. Et
dautãt que le bien & vtilité que nous
receurons par ce reglement en nos
affaires peut beaucoup auancer le
foulagement que nous defirons ap-
porter ànosSubjets, Voulons que par
les Treforiers generaux de France,ou
autres qui feront la diftribution des
charges qui feront acquittées fur lef-
dites parties de noftre Domaine , foit
gardé & obferué telle proportion &
égalité, qu'il ne foit fait fur iceluy aucunes recharges excedant le denier
vingt,outre lequel nous n'entendons
que les Acquereurs de noftreDomai-
ne puiffent eftre tellement chargez,
que pour le moins l'acquifition par
eux faite ne leur reuienne à ladite rai-
fon, fans pour ce neantmoins reuoquer,

quer, retrancher, ny mettre en doute
les alienations de nostredit Domaine
faites à raison du denier douze, dont
les Acquereurs pourroient jouïr sans
aucun trouble ny empeschement,
auec la part du reject sur iceluy des
charges ordinaires, & sans aussi qu'il
soit changé ny innoué aucune chose aux autres portions de nostre
Domaine qui se trouueront auoir
esté desia chargées à ladite proportion dudit denier vingt : & à cette
fin sera faite prompte & exacte recherche & perquisition de toutes les
parts & portions de nostre Domaine
vendu, engagé ou aliené en cestuy
nostre Royaume, ensemble des rentes & charges estans sur chacune partie d'iceluy, lesquelles ordonnons
estre d'oresnauant payées & acquittées par chacun an par les Acquereurs

B

de noſtredit Domaine, ainſi qu'il eſt
dit cy-deſſus, & iceux à ce faire &
ſouffrir eſtre contraints par ſaiſie de
noſtre Domaine & reuenu d'iceluy,
& autres voyes & contraintes ac-
couſtumées pour nos deniers & affaires, Nonobſtant tous Arreſts & juge-
mens qui pourroient eſtre interuenus
au contraire, ſans auoir auſſi aucun é-
gard aux clauſes de leurs contracts
que ne voulons nuire ne retarder, en
aucune maniere l'execution de noſtre volonté. SI DONNONS en man-
dement à nos amez & feaux les gens
tenans noſtre Cour de Parlement à
Paris, Chambre de nos Comptes, &
Treſoriers generaux de France chacun endroit ſoy, que ces preſentes ils
facent lire, publier & enregiſtrer, &
le contenu en icelles executer & ob-
ſeruer ſelon leur forme & teneur,

nonobstant oppositions ou appella-
tions quelconques, pour lesquelles
ne sera differé. Enjoignons à nostre
premier Huissier ou Sergent sur ce
requis, faire pour l'execution des presentes tous exploicts & contraintes
necessaires, sans pour ce demander
placet, visa, ne pareatis. Car tel est
nostre plaisir. En tesmoin dequoy
nous auons fait mettre nostre seel à
cesdites presentes. DONNE' à Fontainebleau le 12. jour d'Octobre, l'an
de grace 1601. Et de nostre regne le
treiziesme. Signé, HENRY. *Et
sur le reply*, Par le Roy, RVZE'. Et
scellées du grand Seau de cire jaulne
sur double queuë. Plus sur ledit reply est escrit.

*Regiſtrées, ouy & ce requerant le
Procureur General du Roy. A Paris*

en Parlement le 29. iour de Mars 1602.
Signé, DV TILLET.

Et encores sur le reply est escrit,

*Registrees semblablement en la Chambre
des Comptes, oüy le Procureur General du
Roy, ainsi qu'il est contenu en l'Arrest de ce,
Fait le seiziesme iour d'Auril 1602.*
Signé,   DANES.

EXTRAICT DES REGISTRES
de la Chambre des Comptes.

VEV par la Chambre les Lettres Patentes du Roy, don-
nées à Fontainebleau, le 12.
jour d'Octobre 1601. Signées
HENRY, *Et sur le reply*,
Par le Roy, RVZE', Et seellées sur double
queuë de cire jaune : Par lesquelles ledit
Sieur dit & declare, qu'il n'a entendu &
n'entend, que les Acquereurs de son Do-

maine soit à perpetuité ou par engagement,
soient aucunement deschargez des fiefs &
aumofnes, gages des Officiers, fraisde Iuftice, pain des prifonniers, Rentes & autres
charges que les parts & portions de fondit
Domaine, qui leur ont efté venduës ou
engagées, auoient accouftumé de porter
auant l'alienation; Veut & luy plaift, qu'ils
foient d'orefnauant contraints & tenus à
l'acquir & payement entier, de ce que
chacune d'icelles auoient accouftumé de
porter. Nonobftant que par leurs Côtracts
ils n'en foient expreflément chargez, &
que la vente & alienation leur en ayent
efté faicte, fans referue aucune defdites
charges: Ce qui n'a deub eftre obmis, quelque pouuoir qu'en ayent eu les Commiffaires: Veut auffi que par les Treforiers generaux de France ou autres, qui feront la
diftribution des charges qui feront acquittées fur les parties dudit Domaine, foit gardé & obferué telle proportion & égalité,
qu'il ne foit fait fur iceluy aucunes recharges excedant le denier vingt. Outre lequel il n'entend que les Acquereurs dudit
Domaine puiffent eftre tellement char-

gez , que pour le moins l'acquisition par
eux faicte ne leur reuienne à ladite raison,
sans pour ce reuoquer, retrancher, ny mettre en doubte les alienations dudit Domaine faictes à raison du denier douze, dont
les Acquereurs pourroient jouyr sans aucun trouble ou empeschement, auec la part
du reject sur iceluy des charges ordinaires,
& sans aussi qu'il soit changé ny innoué aucune chose aux autres portions dudit Domaine , qui se trouueront auoir esté desia
changées à ladite proportion du denier
vingt , dont sera fait exacte recherche &
perquisition de toutes les parts & portions
dudit Domaine, vendu, engagé ou aliené
en ce Royaume. Ensemble les rentes &
charges estans sur chacune partie d'iceluy,
Lesquelles sa Majesté ordonne estre d'o-
resnauant payées & acquittées par chacun
an par les Acquereurs dudit Domaine , &
iceux contraints par saisie & reuenu d'iceluy, & autres voyes & contraintes accou-
stumées pour ses deniers & affaires, ainsi
que plus au long le contiennent lesdites
Lettres Registrées en la Cour de Parlement, Oüy & ce consentant le Procureur

General du Roy en icelle Cour, le 29. Mars
dernier. Les Conclusions du Procureur
General dudit Sieur en ladite Chambre.
Et tout consideré, LA CHAMBRE a or-
donné & ordonne lesdites Lettres estre
Regiftrées, à la charge qu'és Estats de diftribution qui feront expediez fuiuant icelles, ne feront employées autres charges
que les anciennes qui fe trouueront auoir
esté paffées és Comptes du Domaine cy-deuant rendus en ladite Chambre, ou ordon-
nées estre payées fur iceluy par Edicts ve-
rifiez en icelle, auant les alienations, &
que les frais de Iuftice, ouurages & repara-
tions, & autres femblables defpenfes ordinaires & accouftumées d'eftre payées fur
ledit Domaine, feront eualuez fur vne an-
née commune de dix precedentes celle de
quatre-vingt-neuf; Lefquels Eftats de di-
ftributions, & les procez verbaux de l'execution defdites Lettres, les Commiffaires à
ce deputez, feront tenus enuoyer en ladite
Chambre incontinent apres qu'ils auront
esté par eux arreftez, pour eftre mis au Gref-
fe d'icelle, & y auoir recours quand befoin
fera : Et fera fa Majefté fuppliée de faire

surseoir l'execution des Commissions qu'el-
le a cy-deuant decernées pour la vente &
reuente dudit Domaine, jusques à ce qu'il
soit apparu desdits Estats de distribution,
afin que les encherisseurs ne puissent pre-
tendre cause d'ignoráce des charges qu'ils
auront à payer. FAIT le seiziesme iour
d'Avril mil six cens deux.

Signé,   DANES.